AF305837

LA CHARITÉ

SUR LES

CHAMPS DE BATAILLE

SUITES DU

SOUVENIR DE SOLFERINO

ET

RÉSULTATS DE LA CONFÉRENCE INTERNATIONALE DE GENÈVE

Neutralisation des Ambulances entre Armées belligérantes.

Sociétés internationales des Hospitaliers militaires.

SE VEND AU PROFIT DE L'ŒUVRE

GENÈVE

1864

RÉSOLUTIONS

DE LA

CONFÉRENCE INTERNATIONALE DE GENÈVE

La Conférence internationale, désireuse de venir en aide aux blessés dans les cas où le service de santé militaire serait insuffisant, adopte les résolutions suivantes :

ART. 1er. Il existe dans chaque pays un Comité dont le mandat consiste à concourir en temps de guerre, s'il y a lieu, par tous les moyens en son pouvoir, au service de santé des armées.

Ce Comité s'organise lui-même de la manière qui lui paraît la plus utile et la plus convenable.

ART. 2. Des Sections, en nombre illimité, peuvent se former pour seconder ce Comité, auquel appartient la direction générale.

ART. 3. Chaque Comité doit se mettre en rapport avec le gouvernement de son pays, pour que ses offres de service soient agréées, le cas échéant.

ART. 4. En temps de paix, les Comités et les Sections s'occupent des moyens de se rendre véritablement utiles en temps de guerre, spécialement en préparant des secours matériels de tout genre, et en cherchant à former et à instruire des infirmiers volontaires.

ART. 5. En temps de guerre, les Comités des nations belligérantes fournissent, dans la mesure de leurs ressources, des secours à leurs armées respectives; en particulier ils organisent et mettent en activité les infirmiers volontaires et ils font disposer, d'accord avec l'autorité militaire, des locaux pour soigner les blessés.

Ils peuvent solliciter le concours des Comités appartenant aux nations neutres.

ART. 6. Sur l'appel ou avec l'agrément de l'autorité militaire, les Comités envoient des infirmiers volontaires sur le champ de bataille. Ils les mettent alors sous la direction des chefs militaires.

ART. 7. Les infirmiers volontaires employés à la suite des armées doivent être pourvus, par leurs Comités respectifs, de tout ce qui est nécessaire à leur entretien.

ART. 8. Ils portent dans tous les pays, comme signe distinctif uniforme, un brassard blanc avec une croix rouge.

ART. 9. Les Comités et les Sections des divers pays peuvent se réunir en Congrès internationaux, pour se communiquer leurs expériences et se concerter sur les mesures à prendre dans l'intérêt de l'œuvre.

ART. 10. L'échange des communications entre les Comités des diverses nations, se fait provisoirement par l'entremise du Comité de Genève.

Indépendamment des résolutions ci-dessus, la Conférence émet les vœux suivants :

A. Que les gouvernements accordent leur haute protection aux Comités de secours qui se formeront, et facilitent autant que possible l'accomplissement de leur mandat.

B. Que la neutralisation soit proclamée, en temps de guerre, par les nations belligérantes pour les ambulances et les hôpitaux, et qu'elle soit également admise, de la manière la plus complète, pour le personnel sanitaire officiel, pour les infirmiers volontaires, pour les habitants du pays qui iront secourir les blessés, et pour les blessés eux-mêmes.

C. Qu'un signe distinctif identique soit admis pour les corps sanitaires de toutes les armées, ou tout au moins pour les personnes d'une même armée attachées à ce service.

Qu'un drapeau identique soit aussi adopté, dans tous les pays, pour les ambulances et les hôpitaux.

Genève, Octobre 1863.

Le Secrétaire de la Conférence,
J. HENRY DUNANT.

La vue d'un vaste champ de bataille, encombré de mourants et de blessés, avait vivement frappé mon imagination.

Désireux de chasser de ma mémoire les souvenirs d'un spectacle aussi lugubre que navrant, je n'avais pas eu l'intention d'initier le public aux terribles péripéties, aux cruelles souffrances, aux douloureuses agonies, dont j'ai été le témoin lors de la lutte épouvantable de Solferino ; et j'ai longtemps hésité avant de me résoudre à tracer un court résumé des scènes de désolation auxquelles j'ai eu le triste privilége d'assister.

Si enfin je me suis décidé à livrer à l'impression quelques-uns des détails lamentables qui ont été la conséquence de ce combat gigantesque, c'est que j'ai cru de mon devoir d'attirer le plus possible l'attention sur la question si importante des secours à porter immédiatement après une bataille, aux militaires blessés, et sur les soins à leur donner dans les ambulances et dans les hôpitaux.

Le *Souvenir de Solferino* exprimait donc à cet égard une idée, un vœu général, pouvant se formuler dans les cinq points suivants :

1º La création, dans les divers pays de l'Europe, de *Comités nationaux et permanents*, destinés à étudier le système actuel des ambulances militaires, pour contribuer à leur amélioration et à leur perfectionnement, et tout préparés pour utiliser et diriger, d'une manière sage et prompte, l'enthousiasme charitable qui se manifeste spontanément au moment d'une guerre.

2º L'organisation intelligente des secours à répartir et à administrer aux blessés en temps de guerre, de manière à avoir toujours ces secours sous la main et dans des proportions suffisantes.

3º L'adjonction aux armées belligérantes d'un corps d'hospitaliers ou secoureurs volontaires dévoués, bien qualifiés, et préparés d'avance pour une œuvre de ce genre.

4º Le perfectionnement des moyens de transport pour les blessés, depuis le champ de bataille aux ambulances et aux hôpitaux.

5º L'alliance combinée, humanitaire, des Comités nationaux, chacun poursuivant activement, et dans la voie propre qui lui sera tracée par les différences de nationalités, de mœurs et de coutumes, le même but philanthropique et charitable.

Toutefois, il ne faut pas seulement qu'une idée semblable se révèle et s'affirme, il faut encore qu'elle soit acceptée par l'opinion publique, et qu'elle soit réalisée pratiquement dans une institution durable.

Telle était bien mon intention lorsque j'attirais les regards sur le champ de bataille de Solferino, mais j'étais loin de m'attendre, en exprimant les vœux qu'il m'avait inspirés, à les voir si vite et si bien accueillis; et s'il en a été ainsi, c'est qu'ils répondaient, j'en ai la conviction, à une inspiration de notre époque et à un besoin de notre temps.

La pensée était partie de Genève, et c'est à Genève même que cette idée a d'abord reçu un commencement d'exécution. C'est dans cette ville que le premier Comité a été formé, sous la présidence du vénérable général Dufour, commandant en chef des troupes helvétiques, et par la persévérante initiative de M. Gustave Moynier, président de la Société genevoise d'utilité publique.

A deux mille ans de distance, deux grandes paroles ont été prononcées par deux grands capitaines, l'un païen, l'autre chrétien.

Scipion disait :

    « J'aime mieux sauver la vie d'un citoyen, que tuer mille ennemis. »

Et l'archiduc Charles d'Autriche :

    « La vie d'un brave homme est pour moi plus précieuse, que cinquante pièces d'artillerie. »

Des gens se sont trouvés qui, remontant à l'origine de la guerre, ont dit: La guerre est divine.

Je m'en tiens, moi, à sa nature, et je dis: La guerre, si elle est inévitable, doit être faite avec le moins de barbarie possible.

Je n'ai point la prétention de venir discuter ici, ni sur le droit de la paix, ni sur ce qu'on est convenu d'appeler le droit de la guerre.

Je ne viens pas toucher au redoutable problème de la légitimité de la guerre, ni au rêve impossible, dans l'état actuel des choses, de l'universalité du règne de la paix.

Mon but est plus modeste.

Au nom de l'humanité, de la raison, au nom du christianisme et de la politique elle-même, je désire qu'à l'heure solennelle où des hommes, des concitoyens, des chrétiens, armés les uns contre les autres, viennent de répandre leur sang de soldat sur cette terre que devraient seules arroser les sueurs des laboureurs, je désire que la charité, sous la forme d'une société de secours, puisse disputer à la guerre, toutes celles de ses victimes que le fer a atteintes, mais que la mort n'a pas encore moissonnées.

Je désire aussi qu'au moment où se rencontrent, sur un champ de bataille, la guerre avec ses fureurs, la charité avec son abnégation, — la guerre, devant les soldats qu'elle voulait perdre, la charité, devant les blessés qu'elle désire sauver,—toutes deux se réconcilient, se rapprochent, se réunissent et se concertent, pour s'empresser de donner à des êtres souffrants, les témoignages efficaces d'une commune et bienveillante sympathie.

Si la guerre est un duel entre deux nations, comme le duel est une guerre entre deux individus, n'est-il pas naturel et nécessaire de tâcher d'en atténuer les horreurs, et d'en conjurer les résultats par des mesures analogues, par exemple, à celles qui s'emploient tous les jours pour remédier aux suites sanglantes du duel ?

Or, parmi ces mesures, la première est d'appeler sur le terrain du duel, et pour chacun des combattants, un ami ou un chirurgien, animé du désir et pourvu des moyens d'étancher les blessures, de calmer la douleur, et de prévenir, autant qu'il est en lui, tout dénouement funeste.

Pourquoi donc ne ferait-on pas pour les soldats, victimes de la guerre, ce qui se pratique depuis si longtemps, avec tant de raison et de succès, pour les victimes du duel ?

Guerre ou duel, il s'agit d'une effusion de sang humain, et ce sang, quelle que soit la main qui le répande, ne crie-t-il pas comme pour implorer la commisération de l'homme, la pitié du philanthrope, le dévouement du chrétien ?

Si, sous son drapeau, le soldat doit verser tout son sang pour ses concitoyens, c'est sans doute à la condition que ceux-ci feront quelque chose pour lui ; cette condition n'est pas de celles qui ont besoin d'être stipulées ; il y a une solidarité entre eux, et le devoir du soldat engendre un devoir du citoyen.

Pourquoi ce qui se fait en petit et souvent à l'improviste, en temps de paix, ne se ferait-il pas en grand et d'une manière prévue et régulière en temps de guerre ?

Plus les chances du péril sont grandes et multipliées, plus les efforts doivent être grands pour les écarter et les surmonter.

Mais, me dira-t-on, nous avons les secours officiels incorporés dans l'armée, et préparés pour les luttes sanglantes de nation à nation.

A ceci, je répondrai en peu de mots, car ce sont les batailles qui parlent à ma place, et non-seulement celles d'Italie, mais celles d'hier ; je répéterai seulement ce que je disais après Solferino, et cette fois je le dis avec l'approbation acquise d'hommes de guerre sincères et impartiaux :

« Le personnel des ambulances militaires est toujours insuffisant, et, fût-il doublé ou triplé,
« il le serait encore ; il faut inévitablement recourir au public, on y est forcé, car ce n'est
« qu'avec sa coopération qu'on peut espérer d'atteindre le but dont il s'agit. Il y a donc là un
« appel à adresser aux hommes de tous pays et de tous rangs, aux puissants de ce monde,
« comme aux plus modestes artisans, puisque tous peuvent, d'une manière ou d'une autre,
« chacun dans sa sphère et selon ses forces, concourir en quelque mesure à cette bonne
« œuvre. »

Oui, le personnel des ambulances est insuffisant, partout, toujours, dans toutes les guerres, à toutes les époques, et dans toutes les armées.

Les annales militaires de tous les peuples confirment cette désolante vérité, et, ce qui est plus triste à dire encore, c'est que, quels que soient les efforts généreux et persévérants que fassent les Gouvernements pour augmenter et améliorer ces secours officiels incorporés dans les armées, jamais on ne pourra arriver par les efforts seuls de l'Administration, à un résultat bien satisfaisant.

Il faut absolument intéresser à cette œuvre les populations et obtenir leur coopération. Mais ces populations doivent être dirigées, conduites et éclairées ; leur zèle, souvent intempestif, devra être tempéré et modifié, ou bien leur dévouement aura besoin d'être excité et encouragé.

L'œuvre qui nous occupe doit être internationale, car elle est universelle. C'est l'œuvre de tous pour tous : elle doit intéresser chaque être humain. Elle embrasse l'humanité entière, et dans un cercle plus restreint, chaque peuple, chaque contrée, chaque famille même, puisque nul ne peut se dire à tout jamais à l'abri des chances de la guerre. Elle touche aux plus impérieux instincts des individus, et remue les sentiments les plus intimes des populations.

Serait-ce trop demander des hommes du dix-neuvième siècle, et de tous les Souverains de l'Europe, que d'espérer qu'ils feront ce que faisait le roi de Perse, Cyrus, qui, au dire de Xénophon, et tout païen qu'il était, n'épargnait rien pour procurer à ses soldats tout ce qui devait contribuer à prévenir leur imprévoyance, et à atténuer les maux qu'entraînait pour eux la guerre.

La sainte et courageuse mission des Hospitaliers volontaires, si cette institution était généralisée et adoptée partout en Europe, serait le plus grand bienfait que pourraient recevoir les armées. Que de souffrances et de désespoirs évités ! Que de braves soldats sauvés de la mort ! Que de reconnaissance de la part des familles, envers les Gouvernements et les Associations dont la sollicitude aurait assuré à leurs fils des soins constants et dévoués après les combats et au milieu des maladies qui dépeuplent les camps ! Combien de bénédictions de la part des mères, qui, désormais, auraient l'espoir que leurs enfants, mourants peut-être, entendraient au moins des paroles de sympathie et de religieuse consolation !

J. Henry DUNANT.

CIRCULAIRE DE GENÈVE. 1ᵉʳ SEPTEMBRE 1863.

CONFÉRENCE INTERNATIONALE

POUR EXAMINER

LES MOYENS DE POURVOIR A L'INSUFFISANCE

DU SERVICE SANITAIRE

DANS LES ARMÉES EN CAMPAGNE

La Société genevoise d'utilité publique, s'associant au désir formulé par M. Henry Dunant dans un livre intitulé : *Un souvenir de Solferino*, a constitué dans son sein un Comité chargé d'en poursuivre la réalisation.

Ce Comité, à son tour, a pensé que la meilleure marche à suivre pour faire passer les idées de M. Dunant du domaine de la théorie dans celui de la pratique, serait de provoquer une réunion des personnes qui, dans les différents pays, ont à cœur l'œuvre philanthropique dont il s'agit, afin d'examiner dans quelles limites elle est praticable, et d'aviser, s'il y a lieu, aux mesures d'exécution.

C'est pourquoi le Comité genevois, après s'être assuré que sa proposition trouverait de l'écho de divers côtés, s'est décidé à convoquer une Conférence internationale pour le 26 octobre prochain, et il espère, M   que vous voudrez bien lui faire l'honneur d'y assister.

Il serait très-désirable, en particulier, que les Gouvernements voulussent bien s'y faire représenter, leur concours étant indispensable à la réussite de l'œuvre.

Le Comité a rédigé, sous forme d'un projet de concordat, les propositions qu'il désire soumettre à la conférence. Vous en trouverez le texte ci-après.

Nous vous prions instamment, M   de nous faire savoir le plus tôt possible si nous devons compter sur votre coopération, et, dans le cas où vous ne pourriez pas vous rendre à Genève, nous vous serions fort obligés de nous communiquer vos vues et vos observations sur le projet en question.

Agréez, M   l'assurance de notre considération distinguée.

Les Membres du Comité genevois de secours
pour les militaires blessés.

Général DUFOUR, président.

MOYNIER, Gustave, président de la Société d'utilité publique.

Docteur MAUNOIR.

Docteur APPIA.

DUNANT, Henry, secrétaire.

Genève le 1er septembre 1863.

A cette circulaire était joint un projet de concordat, en dix articles, lequel a servi de base aux travaux de la Conférence.
Voir les Résolutions.

CIRCULAIRE DE BERLIN. 15 SEPTEMBRE 1863

CONFÉRENCE INTERNATIONALE

à Genève, le 26 Octobre 1863

SOCIÉTÉS DE SECOURS

INTERNATIONALES ET PERMANENTES

POUR LES MILITAIRES BLESSÉS EN TEMPS DE GUERRE

S. E. Monsieur le Comte d'Eulenburg, Ministre de l'Intérieur de Prusse, a fermé solennellement le *Congrès de Statistique de Berlin* samedi 12 septembre.

Dans cette séance, le Congrès, qui avait été nanti du sujet de la formation des *Sociétés internationales et permanentes de secours pour les militaires blessés en temps de guerre*, a pris une résolution entièrement favorable à ce projet.

M. Henry Dunant, de Genève, l'auteur de « *Un Souvenir de Solferino* », qui, comme on le sait, a proposé la formation de ces sociétés, avait été délégué par le Comité de Genève, pour assister au Congrès, et il a présenté au nom de ce Comité une convocation pour une Conférence internationale sur ce sujet spécial, qui aura lieu à Genève, le 26 octobre. Cette proposition avait été remise à la 4me section du Congrès, composée en partie de médecins militaires, pour qu'elle en fît un rapport à l'Assemblée générale. Ce rapport a été très-sympathique à cette question ; et le rapporteur de la 4me section, qui se trouvait être justement M. le Docteur

Basting, chirurgien-major des Pays-Bas, traducteur de « *Un souvenir de Solferino* », et qui connaissait à fond le plan proposé, l'a développé à l'Assemblée et a invité les membres du Congrès à se rendre à la conférence de Genève le 26 octobre.

Les conclusions de la 4me section ont été adoptées à l'unanimité avec des marques de vive approbation.

En conséquence de l'accueil favorable fait à son plan dans le Congrès de Statistique, le Comité de Genève propose, en outre du projet de Concordat:

1° Que chaque Gouvernement de l'Europe daigne accorder sa protection spéciale et son haut patronage au Comité général national qui doit être créé dans chacune des capitales de l'Europe, et qui sera composé des personnes les plus honorables et les plus estimées.

2° Que ces mêmes Gouvernements déclarent que désormais le *personnel médical militaire* et ceux qui en dépendent, y compris les *secoureurs volontaires reconnus*, seront regardés comme personnes *neutres* par les puissances belligérantes.

3° Que, en temps de guerre, les Gouvernements s'engagent à faciliter les moyens de transport du personnel et des provisions charitables que ces Sociétés enverront dans les pays envahis par la guerre.

Enfin, le Comité de Genève désire que la Conférence Internationale étudie et discute les moyens de réaliser cette œuvre éminemment humanitaire et philanthropique, tout en respectant les lois, les habitudes et les usages des différentes nations de l'Europe.

Il désire également que la Conférence examine comment, dans une lutte entre grandes puissances, on pourra porter les secours les plus efficaces sur le théâtre de la guerre, pour les ressortissants de l'une et l'autre armée, en évitant soigneusement toute idée d'espionnage et tout ce qui serait en dehors du but spécialement charitable et chrétien de cette œuvre excellente.

Le Comité de Genève espère donc que les Gouvernements de l'Europe voudront bien donner à leurs délégués à cette Conférence, les instructions nécessaires à ces divers égards.

Le Secrétaire du Comité de Genève,

J. HENRY DUNANT.

Berlin, le 15 septembre 1863.

LISTE DES MEMBRES

DE LA

CONFÉRENCE INTERNATIONALE

Réunie à Genève les 26, 27, 28 et 29 Octobre 1863

POUR ÉTUDIER

LES MOYENS DE POURVOIR A L'INSUFFISANCE DU SERVICE SANITAIRE

DANS LES ARMÉES EN CAMPAGNE

AUTRICHE

M. le docteur UNGER, médecin supérieur de l'état-major, médecin en chef dans l'armée autrichienne.

Délégué par Son Excellence M. le Feldzcugmeistre comte de Degenfeld-Schonbourg, ministre de la guerre de l'empire d'Autriche.

BADE

M. le docteur STEINER, médecin-major.

Délégue par Son Altesse Royale Monseigneur le grand-duc de Bade.

BAVIÈRE

M. le docteur *Théodore* DOMPIERRE, médecin principal des corps d'artillerie bavarois.

Délégué par Son Excellence M. le ministre de la guerre du royaume de Bavière.

ESPAGNE

M. le docteur LANDA (Don Nicasio y Alvarez de Carvallo), chirurgien-major, représentant du corps de santé de l'armée espagnole.

Délégué par Son Excellence M. le ministre de la guerre de Sa Majesté Catholique la reine d'Espagne.

FRANCE

M. DE PRÉVAL, sous-intendant de la garde impériale.

M. le docteur BOUDIER, médecin principal.

Délégués par Son Excellence M. le maréchal comte Randon, ministre de la guerre de Sa Majesté l'Empereur des Français.

M. CHEVALIER, consul de France, à Genève.

GRANDE-BRETAGNE

M. le docteur RUTHERFORD, Divisionary Inspector general of Hospitals.

Délégué par Son Excellence M. le comte de Grey et Ripon, ministre de la guerre de la Grande-Bretagne.

M. MACKENSIE, consul de la Grande-Bretagne, à Genève.

HANOVRE

M. le docteur OELKER.

Délégue par le gouvernement du royaume de Hanovre.

HESSE (Grand-duché de)

M. le major BRODRÜCK, chef de bataillon d'état-major.

Délégué par Son Excellence M. le ministre de la guerre du grand-duché de Hesse.

ITALIE

M. *Giovanni* CAPELLO, consul d'Italie, à Genève.

ORDRE DE Sᵗ-JEAN DE JÉRUSALEM

Son Altesse le prince HENRI XIII DE REUSS (branche cadette).

Délégué par Son Altesse Royale Monseigneur le prince Charles de Prusse, grand-maître de l'ordre de St-Jean de Jérusalem.

PAYS-BAS

M. le docteur Basting, chirurgien-major au régiment d'élite de Sa Majesté le roi des
Pays-Bas.

Délégué par Sa Majesté le roi des Pays-Bas.

M. le capitaine van de Velde, ancien officier de marine des Pays-Bas.

PRUSSE

M. le docteur Lœffler, médecin en chef du 4me corps de l'armée prussienne.

Délégué par Son Excellence M. le général de Roon, ministre de la guerre du royaume de Prusse.

M. le docteur C. Houselle, conseiller intime et membre du ministère des affaires médicales.

Délégué par Son Excellence M. de Mühler, ministre des cultes, de l'instruction publique et des affaires médicales du royaume de Prusse.

RUSSIE

M. le capitaine *Alexandre* Kiréiew, aide de camp de Son Altesse Impériale Monseigneur le
grand-duc Constantin de Russie.

M. E. Essakoff, bibliothécaire de Son Altesse Impériale Madame la grande-duchesse Hélène-
Paulowna de Russie.

SAXE (Royaume de)

M. le docteur Günther, médecin en chef de l'armée saxonne.

Délégué par Son Excellence M. le ministre de la guerre du royaume de Saxe.

SUÈDE

M. *Sven Eric* Skœldberg, docteur-médecin et chirurgien, conseiller au collége de médecine à
Stockholm, indendant du matériel médical de l'armée suédoise.

M. le docteur Edling, médecin-major, de Stockholm.

Délégués par le gouvernement suédois.

WURTEMBERG

M. le docteur Hahn.

Délégué par Son Excellence M. le ministre de la guerre du royaume de Wurtemberg, et par la direction centrale
des Établissements de bienfaisance de Wurtemberg.

M. le docteur Wagner.

Délégué par la Société de bienfaisance de Waiblingen.

CONFÉDÉRATION SUISSE

M. le docteur LEHMANN, médecin en chef de l'armée fédérale.

M. le docteur BRIÈRE, chirurgien-major, médecin de division de l'armée fédérale.

> Délégués par le Conseil fédéral.

M. F. DE MONTMOLLIN.

M. F. DE PERREGAUX-MONTMOLLIN

M. le professeur J. SANDOZ.

> Délégués par la Société des Sciences sociales de Neuchâtel.

M. MORATEL, vice-président de la Société vaudoise d'Utilité publique.

> Délégué par cette Société.

M. le docteur ENGELHARDT, de Fribourg, médecin de division de l'armée fédérale.

COMITÉ GENEVOIS

MM. le général DUFOUR, président.
    Gustave MOYNIER.
    le docteur MAUNOIR.
    le docteur APPIA.
    Henry DUNANT, secrétaire.

EXTRAIT DE LA GAZETTE DE NEUCHATEL

Du 1ᵉʳ Décembre 1863

Nous avons déjà, à plusieurs reprises, entretenu nos lecteurs de l'appel formulé par M. Henry Dunant, de Genève, dans son livre : *Un souvenir de Solferino*, qui demandait la création, dans tous les pays de l'Europe, de sociétés permanentes de secours pour les blessés, agissant chacune dans l'intérêt de son pays respectif, mais dans un esprit d'humanité international. Cette idée généreuse et nouvelle a rencontré dans toute l'Europe une profonde sympathie qui s'est traduite par des faits.

M. Henry Dunant, qui avait reçu des marques d'approbation et des encouragements des militaires les plus distingués de différents pays, fut sollicité par M. Moynier, président de la Société genevoise d'utilité publique, pour que cette Société prît l'initiative dans une question si importante et si réellement utile. L'idée de M. Dunant, appuyée par M. Moynier, fut donc patronée par la Société genevoise d'utilité publique et un comité spécial fut formé à Genève par ces Messieurs, qui obtinrent de l'illustre général Dufour qu'il en acceptât la présidence.

Ce comité *International genevois* se constitua en permanence, et sa première pensée fut de donner aux désirs de M. Dunant un cachet européen. Un congrès international de bienfaisance devait avoir lieu à Berlin au commencement de septembre de cette année; il fut résolu que les vœux si charitables émis dans le *Souvenir de Solferino* seraient mis à l'ordre du jour de ce congrès de bienfaisance.

Ce congrès, qui avait été convoqué à Londres en 1862, fut ajourné, puis renvoyé et définitivement n'eut pas lieu. En apprenant cet ajournement, MM. Moynier et Dunant eurent l'idée de convoquer une conférence internationale à Genève, pour le 26 octobre; un projet de concordat fut élaboré, et M. Dunant offrit d'aller volontairement exposer ses vues au grand congrès de statistique, qui eut lieu à Berlin du 7 au 12 septembre. Il remit sa proposition à la quatrième section du congrès, composée en partie de médecins militaires, qui lui firent l'accueil le plus sympathique.

Mais déjà les idées du *Souvenir de Solferino* avaient fait leur chemin, et S. E. M. le ministre de la guerre des Pays-Bas avait voulu déléguer au congrès de Berlin M. le Dᵣ Basting, chirurgien-major, traducteur de ce livre en hollandais, qui développa à l'assemblée générale le plan de M. Dunant et le fit adopter par le congrès de statistique.

En Allemagne, M. Dunant reçut l'accueil le plus bienveillant de plusieurs Souverains de ce pays, qui prenaient un vif intérêt à la réussite de son œuvre. Encouragé par cette sympathie universelle qu'on lui témoignait, il adressa depuis Berlin aux ministres de la guerre de presque tous les Etats de l'Europe, une prière d'envoyer des délégués officiels à la conférence de Genève.

Les gouvernements répondirent favorablement : le Portugal, le Danemark et le Mecklembourg, qui n'envoyèrent pas de délégués, firent connaître qu'ils adopteraient cependant les conclusions du congrès de Genève. Si la Belgique et l'Italie n'ont pas non plus envoyé de délégués officiels, S. M. le roi des Belges et S. A. R. le duc de Brabant, de même que S. M. le roi d'Italie et S. A. R. le prince Humbert de Piémont ont fait écrire à M. Dunant, afin de l'assurer de leur intérêt spécial pour l'œuvre européenne des sociétés de secours aux blessés. Le gouvernement russe a également manifesté officiellement sa sympathie, en regrettant que le temps trop limité ne lui permît pas d'envoyer un délégué officiel à la conférence. Enfin le comité genevois a reçu un très-grand nombre d'adhésions, venant de toutes les parties de l'Europe[1].

Les conférences ont eu lieu à l'Athénée Eynard, à Genève, les 26, 27, 28 et 29 octobre. Elles ont été animées par un esprit de bienveillance et de courtoisie général qui a constamment régné entre les délégués de tant de pays différents, dont quelques-uns étaient des sommités médicales militaires. Le vénérable général Dufour a d'abord occupé le fauteuil de la présidence pour souhaiter la bienvenue aux délégués étrangers et pour exposer le sujet de la conférence, puis il a remis la présidence à M. Moynier, qui a constamment dirigé les débats avec un talent remarquable. S. A. le prince Henri XIII de Reuss, délégué de l'ordre de Saint-Jean de Jérusalem, a été ensuite désigné pour vice-président, comme délégué d'un ordre complétement neutre au milieu des représentants d'Etats ou de gouvernements qui formaient l'assemblée.

[1] En voici quelques-unes: Son Altesse Impériale Madame la Grande-Duchesse Hélène Paulowna de Russie; Miss Florence Nightingale; S. E. M. le maréchal comte Randon, ministre de la guerre de France; S. E. M. le général Milutin, ministre de la guerre de Russie; S. E. M. le général de Roon, ministre de la guerre de Prusse; S. E. M. le baron de Maucler, chef du cabinet de S. M. le roi de Wurtemberg; S. E. M. le général Ludwig, ministre de la guerre de Bade; S. E. M. le baron Chazal, ministre de la guerre de Belgique; S. E. M. le général vicomte Sà da Bandeira, ministre de la guerre de Portugal; S. E. M. Lundbye, ministre de la guerre de Danemark; S. E. M. de Wachter, ministre de la guerre de Hesse-Darmstadt; S. E. M. le comte d'Eulenburg, ministre de l'intérieur de Prusse; S. E. M. le général baron de Brandis, ministre de la guerre de Hanovre; S. E. M. de Gersdorff, grand-maréchal de la Cour, à Dresde; S. E. M. le baron de Neurath, président du conseil privé de S. M. le roi de Wurtemberg; S. E. M. le baron de Stratenus, ministre des Pays-Bas, à Hanovre; S. E. M. le comte de Zuylen de Nyvelt, ministre des Pays-Bas, à Berlin; le Gouvernement du grand-duché d'Oldenbourg; le Conseil fédéral suisse; M. le comte de Stolberg-Vernigerode, chancelier de l'Ordre de Saint-Jean de Jérusalem, pour le bailliage de Brandebourg; lord Shaftesbury; S. E. M. le comte de Stackelberg, ministre de Russie, à Turin; S. E. M. le prince Demidoff, chambellan de S. M. l'empereur de Russie; M. le conseiller d'Etat Darricau, intendant général de l'armée française; M. le baron Larrey, chirurgien ordinaire de S. M. l'empereur des Français; M. le général d'Ewald, à Copenhague; M. le comte de Ripalda, membre de la junte générale de Estadistica de Madrid; M. le comte de Kanitz, major-aide de camp de S. M. le roi de Prusse; M. le colonel de Strubberg, aide de camp de S. M. le roi de Prusse; S. E. M. Steiger, chargé d'affaires de la Confédération helvétique à Vienne; M. Comisetti, président du conseil supérieur militaire de santé de l'armée d'Italie; S. E. don Nicolas Britz, director de Sanidad Militar à Madrid; M. le vicomte de Melun, président de la Société d'économie charitable de Paris; M. le Dr Boëger, médecin de S. M. le roi de Prusse; M. le Dr Carus, médecin de S. M. le roi de Saxe; M. le Dr Engel, directeur du bureau royal de statistique de Berlin; M. le Dr Casper, à Berlin; M. le Dr Grähs, à Stockholm; M. le Dr Boudin, médecin en chef de l'armée d'Italie en 1859, à Paris; M. Fæsy, consul général des Pays-Bas en Suisse; M. le général Trochu, à Paris; M. le Dr don José Antonio Marquès, chef du département de santé au ministère de la guerre, à Lisbonne; M. le major de Schweinitz, aide de camp de S. A. R. Monseigneur le prince royal de Prusse; M. le comte Bembo, podestat de Venise; M. le chirurgien général Heiberg, de Christiania; M. le général Knoop, à Maëstricht; M. le baron de Weber, conseiller d'Etat à Dresde; M. le Dr de Hermann, conseiller d'Etat à Munich; M. Maurice de Stubenrauch, professeur à Vienne; M. Fr. Bartholony, à Paris; M. Faull, directeur du bureau de statistique de Mecklembourg-Schwérin; M. L. Joubert, à Paris; M. Visschers, à Bruxelles; M. Groën van Prinsterer, conseiller d'Etat à La Haye; M. Wanner, consul suisse au Havre; M. le conseiller Prosch, à Schwérin; M. le comte F. de Bréda, à Paris; M. Ducpétiaux, inspecteur honoraire des prisons et des établissements de bienfaisance de Belgique; M. le Dr Kiérulf, chef de la Direction de santé au ministère de l'intérieur de Norwége; M. Otto Lasius, à Oldenbourg; M. le Dr Wappaeus, à Gottingue; M. le Dr Feder, à Munich; M. le professeur Monnard, à Bonn; M. Charles Dickens, à Londres; M. Guido Corsini, à Florence; M. le colonel Saint-Léger Alcock, membre du conseil de la « Royal United service Institution, » à Londres; M. Armengol y Cornet, rapporteur à la Cour d'assises de Barcelone; M. Burkhardt, président de la Société pour l'avancement du bon et de l'utile, à Bâle; la rédaction du *Spectateur militaire*, à Paris; la Société médicale de Neuchâtel; etc., etc., etc.

Ne sont pas citées ici les adhésions des Souverains qui avaient des représentants au Congrès, ni les membres de Leurs Familles, qui, les uns et les autres, ont daigné nous informer par lettres de Leur intérêt et de Leur sympathie.

EXTRAIT DU JOURNAL DES DÉBATS

Paris, le 6 Décembre 1863

La réorganisation pacifique de l'Europe n'est pas tellement assurée qu'il n'y ait quelque intérêt à connaître les travaux d'une conférence internationale qui s'est récemment tenue à Genève en vue de la guerre. Il s'agissait, suivant un projet dont ce journal a déjà entretenu ses lecteurs, et dont l'honneur et l'initiative appartiennent à M. Henry Dunant, aidé par M. Gustave Moynier, président de la Société genevoise d'utilité publique, des moyens de pourvoir à l'insuffisance du service sanitaire dans les armées en campagne. Le public, étranger aux batailles et à leurs douloureuses conséquences, n'a peut-être pas accordé aux propositions de M. Dunant et du Comité formé par ses soins autant d'attention que les gouvernements. Ceux-ci ont pris très-au sérieux l'amélioration conseillée par l'humanité, et se sont fait, en très-grand nombre, représenter dans le congrès réuni à Genève, vers la fin d'octobre, sous la présidence alternative de M. le général Dufour et de M. Gustave Moynier. En fait d'États souverains, la Turquie seule (en tenant compte de l'interrègne en Grèce) avait négligé d'envoyer une délégation ou une adhésion. L'Ordre militaire et en même temps hospitalier de Saint-Jean de Jérusalem y figurait dans la personne de S. A. le prince Henri XIII de Reuss (branche cadette), au nom du prince Charles de Prusse, grand-maître de l'Ordre. Après quatre jours de solennelles délibérations, où ont été mis en relief, avec l'autorité du talent et de l'expérience chez certains orateurs, avec celle du bon vouloir et du dévouement chez d'autres, les difficultés ou les chances heureuses du projet, l'assemblée s'est arrêtée à des résolutions dont voici les principales :

Dans chacun des pays qui adhéreront au concordat proposé par le bureau genevois, un Comité se formera dans le but de concourir en temps de guerre, s'il y a lieu, par tous les moyens en son pouvoir, au service de santé des armées. Ce Comité s'organise lui-même de la manière qui lui paraît la plus convenable, et se divise en sections suivant les besoins. — Chaque Comité se met en rapport avec le gouvernement de son pays pour faire agréer ses services. — En temps de paix, les comités et les sections s'occupent des moyens de se rendre véritablement utiles en temps de guerre, spécialement en préparant des secours matériels de tout genre, et en cherchant à former et à instruire des infirmiers volontaires. — En cas de guerre, les comités des nations belligérantes fournissent, dans la mesure de leurs ressources, des secours à leurs armées respectives ; en particulier, ils organisent et mettent en activité les infirmiers volontaires, et ils font disposer, d'accord avec l'autorité militaire, des locaux pour soigner les blessés ; ils peuvent solliciter l'appui des comités appartenant aux nations neutres. — Sur l'appel ou avec la permission de l'autorité militaire, les comités envoient sur le champ de bataille des infirmiers volontaires, qui sont placés sous la direction des chefs militaires, et portent dans tous les pays, comme signe distinctif uniforme, un brassard blanc avec une croix rouge.

La conférence a terminé sa courte session par l'adoption de vœux non moins recommandables, et ceux-ci entre autres : Premièrement, que la neutralisation soit proclamée, en temps de guerre, par les nations belligérantes pour les ambulances et les hôpitaux, et qu'elle soit également admise de la manière la plus complète pour le personnel sanitaire officiel, pour les infirmiers volontaires, pour les habitants du pays qui iront secourir les blessés et pour les blessés eux-mêmes ; deuxièmement, qu'un signe distinctif identique soit admis pour les corps sanitaires de toutes les armées, ou tout au moins pour les personnes d'une même armée attachées à ce service ; enfin, qu'un drapeau identique soit adopté, dans tous les pays, dans les ambulances et les hôpitaux.

Si incompétent que nous soyons pour apprécier la possibilité de mettre en pratique ces projets, nous les saluons avec sympathie comme un témoignage, du moins, de l'extinction des haines internationales tendant à passer du fond des cœurs dans les institutions. Le mot même d'*international*, qui ne figure pas dans la dernière édition du Dictionnaire de l'Académie française, est l'un de ces signes des temps nouveaux : il n'en est pas de plus usuel aujourd'hui. C'est que la solidarité des peuples, fondée sur les intérêts, pénètre dans les mœurs et la langue ; et si l'on n'ose croire qu'elle puisse écarter à tout jamais les conflits, on peut augurer, du moins, que le goût de la guerre, par amour de la seule gloire militaire, est un sentiment désormais banni de la civilisation et qui ne peut y rentrer qu'au prix des plus graves sacrifices. En ralliant toutes les âmes dévouées contre les maux que la guerre entraîne, pour les atténuer, l'institution des infirmiers volontaires, quoique créée en vue de la guerre, concourra certainement à faire aimer et bénir la paix. Elle est déjà une bonne pensée, en attendant qu'elle devienne une bonne œuvre.

EXTRAIT DU BULLETIN DE LA SOCIÉTÉ GENEVOISE D'UTILITÉ PUBLIQUE

N° 25, tome IV, premier trimestre, 1864

Derniers fragments du rapport de M. Gustave Moynier, Président, sur les travaux de la Société pendant l'année 1863. Séance du 9 décembre 1863.

Enfin, Messieurs, vers la fin de l'année, non contents d'avoir été frapper à la porte de nos Confédérés de tous les Cantons, nous avons franchi d'un bond la frontière Suisse dans toutes les directions à la fois, et avons adressé dans toute l'Europe un appel aux individus, aux sociétés, aux Gouvernements, pour les convier à venir discuter avec nous les moyens de pourvoir à l'insuffisance du service sanitaire dans les armées en campagne. Vous savez déjà, Messieurs, que cette tentative quelque peu téméraire a été couronnée de succès, mais je vous dois à ce sujet une explication, ou plutôt un rapport au nom de la Commission que vous avez nommée dans votre séance du 9 février dernier. — A cette date, le livre si émouvant de M. Dunant, *Un Souvenir de Solferino*, venait de paraître; l'auteur, fort de son expérience personnelle, demandait s'il n'y aurait pas moyen d'utiliser davantage qu'on ne le fait, au moment des grandes batailles, les hommes de bonne volonté disposés à s'employer au soulagement des blessés, et de mettre à profit les temps de paix pour organiser des secours éventuels en temps de guerre. Il me sembla qu'une pensée aussi généreuse devait rencontrer parmi vous un bon accueil, et je vous proposai de l'examiner attentivement, pour savoir dans quelle mesure elle serait applicable. Un premier tour de préconsultation ne permit pas de concevoir de grandes espérances sur la suite à donner à l'objet en question, toutefois il fut décidé qu'on le soumettrait à une épreuve décisive. Le Congrès international de bienfaisance devant siéger à Berlin au mois de septembre, l'affaire lui fut renvoyée, comme à l'autorité la plus compétente en pareille matière. C'est alors que fut nommée la Commission dont j'ai parlé, laquelle reçut des pleins pouvoirs pour patronner l'idée de M. Dunant, et l'appuyer à Berlin, avec recommandation de ne l'abandonner que si son impraticabilité était clairement démontrée. Mais, Messieurs, nous avions compté sans les événements; par suite de diverses circonstances, le Congrès projeté n'eut pas lieu et vos commissaires, qui ne pouvaient se résigner à abandonner le plan qu'ils avaient élaboré, conçurent la pensée hardie de convoquer à Genève même une Conférence pour s'en occuper. Depuis leur nomination, ils s'étaient fréquemment assemblés, et quoiqu'ils n'eussent point été unanimes au premier abord sur ce qu'il y avait à faire, ils avaient réussi à formuler leurs vues dans un projet de concordat en dix articles, qu'ils estimaient acceptable et réalisable, et auquel il ne manquait plus que l'assentiment des diverses nations. Il fallait d'ailleurs saisir l'occasion propice qui se présentait pour s'en occuper; en effet, les vues de M. Dunant avaient alors un certain retentissement, et il eût été regrettable de laisser échapper le moment où l'on était encore sous l'impression récente de la lecture de son ouvrage. Une convocation à bref délai fut lancée par votre Commission, et, le 26 octobre, des représentants de presque tous les pays de l'Europe se rencontraient dans les salles de l'Athénée, mises obligemment à leur disposition par Mme Eynard et par la Société des Arts. L'Assemblée se composait de 36 personnes, dont 18 délégués officiels représentant 14 Gouvernements, 6 délégués de diverses associations, 7 étrangers non accrédités et 5 membres du Comité genevois.

On a reproché à vos Commissaires d'avoir attendu que la Conférence fût terminée pour vous en donner avis, et plusieurs de nos concitoyens se sont plaints de n'en avoir pas été informés en temps utile pour y assister. Ce regret, Messieurs, nous l'avions pressenti, et notre désir eût été que tous les membres au moins de la Société puissent suivre, comme nous, les intéressants débats auxquels nous avons pris part. Mais il y avait à cela de sérieux obstacles. Il eût fallu d'abord que le local des séances pût contenir un public nombreux, ce qui n'était pas le cas ; puis, dans l'intérêt même de l'œuvre de la Conférence, il fallait que chaque nation conservât une prépondérance raisonnable dans les résolutions qui seraient prises, et cela n'aurait pas eu lieu si l'élément genevois avait été trop fortement représenté. Je suis persuadé aussi que le caractère intime, presque familier des délibérations a contribué pour une large part à leur heureux résultat ; il est certainement pour quelque chose dans le bon souvenir que nos hôtes étrangers ont remporté de leur séjour parmi nous, et leur zèle ultérieur, dont nous avons encore grand besoin, pourra bien s'en ressentir favorablement.

Je n'ai pas à vous rappeler quelles ont été les résolutions de la Conférence Internationale, car déjà vous en avez tous eu connaissance par le compte rendu qui a fourni la matière de notre dernier bulletin. — Aujourd'hui, Messieurs, votre Commission a accompli sa tâche, et je suppose que la manière dont elle s'en est acquittée aura votre approbation. Mais si nous la déclarons dissoute, elle n'en continuera pas moins à subsister. En effet, elle s'est constituée d'office en Comité permanent de secours pour les militaires blessés et, à ce titre, elle a été revêtue d'un caractère international. C'est à ce Comité qu'incombe le soin de veiller à l'exécution des décisions de la Conférence, mandat essentiellement temporaire, mais non moins honorable, et dont il s'occupe actuellement.

Messieurs, les dernières paroles qui ont été prononcées au sein de la Conférence sont aussi celles par lesquelles je terminerai ce rapport. Elles vous étaient adressées et je n'aurais garde de négliger de vous les transmettre, car elles sont à la fois la récompense de nos efforts et un titre de noblesse qui oblige. Les membres de la Conférence, avant de se séparer, ont déclaré solennellement, sur la proposition de M. le docteur Basting, de la Haye :

« Que M. Henry Dunant, en provoquant, par
« ses efforts persévérants, l'étude internationale
« des moyens à appliquer pour l'assistance effi-
« cace des blessés sur le champ de bataille, et la
« Société Genevoise d'utilité publique, en ap-
« puyant de son concours la généreuse pensée
« dont M. Dunant s'est fait l'organe, ont bien
« mérité de l'humanité et se sont acquis des titres
« éclatants à la reconnaissance universelle. »

EXTRAIT DE LA GAZETTE DE LAUSANNE

30 Janvier 1864

Les décisions prises dans la conférence internationale qui a eu lieu à Genève dans les derniers jours d'octobre, commencent à passer dans le domaine des faits.

De partout les fondateurs de cette œuvre reçoivent des marques de sympathie, et un grand pays est disposé à traiter diplomatiquement l'affaire des neutres. C'est S. M. le roi de Prusse.

Le Conseil fédéral vient de donner sa pleine adhésion.

Dans plusieurs pays de l'Europe des comités sont déjà formés.

Voici une lettre qui a été écrite de la part de S. M. l'empereur des Français à M. Henry Dunant, promoteur de l'œuvre et secrétaire de la conférence internationale de Genève.

Paris, le 21 décembre 1863.

« Monsieur,

« L'empereur a pris connaissance des vœux « émis par la conférence internationale qui vient « d'avoir lieu à Genève, sous la présidence de « M. le général Dufour, pour étudier la question « des secours internationaux à donner aux mili-« taires blessés sur les champs de bataille.

« Sa Majesté approuve hautement l'objet de « la conférence et les vœux émis pour l'accom-« plir. Elle désire concourir à votre œuvre en fa-« vorisant la formation du Comité de secours que « vous cherchez à constituer actuellement à Paris, « et Elle vous autorise bien volontiers à faire « connaître toute la sympathie qu'Elle éprouve à « cet égard.

« L'empereur m'a, en outre, chargé d'écrire à « S. Exc. le maréchal ministre de la guerre pour « qu'il autorise quelques officiers d'un grade « élevé dans l'armée à faire partie du Comité que « vous organisez.

« Je vous prie d'agréer mes sentiments dé-« voués.

« *Le colonel aide de camp,*
« (Signé) : FAVÉ. »

Les Américains, de leur côté, sont déjà à l'œuvre, comme les détails qui suivent le prouveront :

La sanglante bataille qui vient de se livrer dans l'État du Tennessée, ouvre un champ aussi vaste que douloureux à la sympathie et à l'infatigable dévouement de la *commission chrétienne* de l'armée des États-Unis. Cette société gigantesque s'était proposé le double but de contribuer au bien-être spirituel et temporel des armées de terre et de mer. L'existence d'une aussi louable entreprise est due à l'initiative de la jeunesse. Les délégués des nombreuses unions chrétiennes de jeunes gens, réunis en convention générale dans la ville de New-York, en décidèrent la création sous le nom de : « United States army christian Commission, » et un comité de douze membres se mit immédiatement en mesure de commencer les opérations ; son plan est simple, direct, économique et efficace. Il consiste dans la distribution de provisions et de médicaments, sous la sanction et avec la coopération des autorités militaires et médicales.

Des comités subsidiaires ont été établis dans les villes les plus rapprochées des divers théâtres des opérations militaires ; 356 agents, marchands, avocats, pasteurs, journalistes, sont à l'œuvre dans les camps, sur les champs de bataille et dans les hôpitaux, donnant littéralement, sans recevoir la moindre compensation matérielle, leur argent, leurs forces et leur temps. En dehors de ce groupe, plus de 1,500 personnes choisies travaillent constamment pour fabriquer et recueillir, dans le plus bref délai possible, les matériaux et les ressources dont le besoin se fait de plus en plus sentir. En peu de mois, la commission a reçu et dépensé, dans l'intérêt de l'œuvre, pour une valeur de près d'un million de francs. Les provisions matérielles proprement dites s'expédient chaque trimestre par milliers de caisses. Chaque mois les ressources de la Société s'accroissent considérablement, et, malheureusement, les occasions de les employer n'ont pas fait un instant défaut.

Le but de l'association consiste aussi à assurer aux militaires des soins constants et dévoués immédiatement après les combats et au milieu des maladies qui dépeuplent les camps, ainsi qu'à faire entendre des paroles de sympathie et de religieuse consolation. Des pasteurs, des médecins, des marchands sont chargés de placer gratuitement à la disposition des délaissés, des malades, des blessés et des mourants, toutes les ressources religieuses et matérielles que leur situation pourrait réclamer, de leur tenir lieu de protecteurs et d'amis, de panser leurs blessures, d'adoucir leurs souffrances, de les transporter dans les hôpitaux, de les mettre en rapport avec leurs familles et de tourner leurs regards sur la croix du Sauveur expirant.

Les services rendus par cette association sont incalculables, et beaucoup de bien a été accompli par son moyen. Les généraux américains publient rarement un rapport de quelque étendue sans faire les plus magnifiques éloges des agents de la Société, et la nation elle-même, par la bouche de ses représentants les plus distingués, a souvent remercié et félicité la commission chrétienne. Nous aimons à invoquer le témoignage désintéressé du général Rosencranz, ex-commandant en chef des forces de l'Ouest, catholique de naissance et de profession, qui ne peut assez remercier ces chrétiens d'élite, dont il aime la foi et dont il admire le dévouement, et qui sont pour des milliers de ses soldats des moyens de soulagement, de consolation et de salut.

De grandes facilités sont accordées à la commission. Elle est hautement recommandée par le président de la république, par son cabinet et par la plupart des officiers supérieurs. Ces agents peuvent pénétrer librement, à toute heure, dans tous les lieux où s'étend la juridiction du gouvernement. Bon nombre de compagnies de chemins de fer et de bureaux télégraphiques se chargent, sans aucun frais pour la commission, des expéditions, des transports et de la transmission des nouvelles.

Puisque une société de cette nature, dit un journal de Philadelphie, a pu s'organiser sur une aussi vaste échelle *dans l'espace de quelques semaines*, et rendre d'aussi éminents services à la cause de l'humanité et de la piété chrétiennes, que ne devons-nous pas attendre pour l'Europe de celle dont M. Henry Dunant propose la formation.

EXTRAIT DU MONITEUR DE L'ARMÉE

Paris, le 11 Février 1864

Nous avons tenu nos lecteurs au courant, dans les numéros du 21 septembre et du 21 novembre 1863, de ce qui se rapporte à l'intéressant projet conçu par M. Henry Dunant, de susciter chez toutes les puissances européennes, la création, 1° de *Comités de secours*, formés par les particuliers, dans le but d'envoyer, en temps de guerre, aux ambulances et aux hôpitaux des approvisionnements en vivres, médicaments, linge et autres objets qui, dans plus d'un cas, ne se trouvent pas en quantité suffisante ; 2° *d'associations d'hommes de cœur* qui se feraient temporairement et de leur plein gré *infirmiers volontaires*, recueilleraient les blessés sur les champs de bataille, les soigneraient dans les hôpitaux, sous la direction des officiers de santé, et viendraient ainsi noblement en aide aux infirmiers militaires.

Nous recevons de M. Henry Dunant, à l'occasion du développement que commence à prendre son projet, la note suivante sur la *neutralisation des ambulances et des hôpitaux entre armées belligérantes*, note qui montre que des idées analogues s'étaient manifestées dans le siècle dernier.

« En 1743, dans la guerre de la succession « d'Autriche, le maréchal de Noailles, comman- « dant en chef de l'armée française, et bien con- « nu pour son humanité, entra en pourparlers « (aux environs d'Aschaffenbourg), avec le comte « de Stair, commandant en chef de l'armée an- « glaise, sur la question de la neutralité pour les « blessés des deux armées. Ils s'engagèrent à « regarder des deux côtés les hôpitaux comme « des sanctuaires, et à les protéger mutuelle- « ment, ce qui fut strictement observé pendant « la guerre.

« Le 6 février 1759, à l'Ecluse (en Flandre), « entre le marquis du Barrail, pour le roi de « France, et sir Henry Seymour Conway, major « général, pour le roi de la Grande-Bretagne, « avait déjà été fait un traité semblable à celui « qui fut conclu postérieurement entre la France « et la Prusse.

« Le traité du 7 septembre 1759, entre la Fran- « ce et Frédéric le Grand, roi de Prusse, con- « tient les dispositions suivantes :

« Qu'on prendra soin des blessés de part et « d'autre ; qu'on paiera leurs médicaments et « leur nourriture, et que les frais en seront res- « titués de part et d'autre ; qu'il sera permis « de leur envoyer des chirurgiens et leurs domes- « tiques, avec des passeports des généraux ; « qu'au surplus, ceux qui auront été faits prison- « niers, comme ceux qui ne l'auront pas été, se- « ront renvoyés sous la protection et sauvegarde « des généraux, avec liberté d'être transportés « par eau ou par terre, suivant la plus grande « commodité ou convenance des lieux où l'on « sera, et par le plus court chemin, à condition « toutefois que ceux qui étaient prisonniers ne « serviront pas, après avoir été échangés ou ra- « chetés.

« Que les malades de part et d'autre ne se- « ront point faits prisonniers, qu'ils pourront « rester en sûreté dans les hôpitaux, où il sera « libre à chacune des parties belligérantes ou « auxiliaires de leur laisser une garde, laquelle, « ainsi que les malades, seront renvoyés sous « des passeports des généraux, par le plus court « chemin, et sans pouvoir être troublés ni arrê- « tés. Il en sera de même des commissaires des « guerres, aumôniers, médecins, chirurgiens, « apothicaires, garçons infirmiers, servants ou

« autres individus affectés au service des mala-
« des, lesquels ne pourront être faits prison-
« niers, et seront pareillement renvoyés. »

« Le général Moreau, commandant en chef
l'armée française en 1800, rédigea un projet de
traité et l'envoya au général Kray, commandant
l'armée autrichienne, qui ne consentit malheureusement pas à le ratifier.

Ce projet portait les dispositions ci-après :
« Voulant diminuer autant que possible les mal-
« heurs de la guerre, et adoucir le sort des mi-
« litaires blessés dans les combats, les deux gé-
« néraux sont convenus des articles suivants :

« 1° Les hôpitaux seront considérés comme
« des asiles inviolables.

« 2° La présence de ces hôpitaux sera indi-
« quée, afin que les troupes les connaissent par-
« faitement.

« 3° Chaque armée est chargée de l'entretien
« de ses hôpitaux, même après avoir perdu le
« pays où ils existent.

« 4° Les armées favoriseront réciproquement
« le service des hôpitaux militaires dans les pays
« qu'elles viendront occuper.

« 5° Les militaires guéris seront renvoyés à
« leur armée respective avec escorte et sauve-
« garde. »

On voit par les notes historiques qui précèdent,
que la neutralisation des blessés, des ambulances, des hôpitaux, du corps médical militaire et
des hospitaliers militaires, demandée par M.
Henry Dunant, soit dans son livre intitulé *Souvenir de Solferino*, soit au dernier congrès de
statistique de Berlin, et ensuite par la Conférence internationale de Genève, est une idée qui
avait déjà germé et que ses chances de réalisation sont d'autant plus grandes qu'elle reçoit
aujourd'hui les suffrages les plus honorables et
les plus augustes appuis.

. . . .

Le ministère danois, ainsi que le roi de Prusse,
ayant agréé officiellement les vœux de la Conférence de Genève, M. Henry Dunant, comme secrétaire du comité international genevois, a sollicité le Danemark et les puissances allemandes
de conclure entre elles une convention sur cette
importante question d'humanité.

———

Leurs Majestés le Roi et la Reine de Prusse, expriment à chaque occasion qui se présente
leur vif intérêt pour la pleine réussite de l'œuvre.

Son Excellence, M. de Roon, Ministre de la guerre de Prusse, a écrit à S. A. le Prince
Henri XIII de Reuss :

« J'adhère au programme fixé par le Comité qui s'est constitué à Berlin; le Comité peut
« compter de la part du gouvernement militaire sur une coopération active et sur sa vive sym-
« pathie pour l'entreprise. » — Il ajoute : « à mon avis la Société pourra rendre de grands
« services sur les champs de bataille mêmes, en relevant, avec son personnel, les blessés
« après les combats. »

EXTRAIT DU JOURNAL DE GENÈVE

Du 20 Février 1864

RÉSULTATS DE LA CONFÉRENCE INTERNATIONALE

Nous avons dit que nous reviendrions sur les travaux du Comité international genevois depuis la Conférence d'octobre, dont nos lecteurs ont eu le compte rendu dans nos numéros des 20 et 21 novembre dernier. Maintenant qu'une guerre entre puissances européennes a éclaté dans le Nord, il est intéressant de constater que la réalisation des vœux formulés par le *Souvenir de Solférino* et par la Conférence internationale de Genève prouve que les idées d'humanité et de charité de notre compatriote, M. J. Henry Dunant, en rencontrant la sympathie universelle, n'étaient point des utopies.

Peu après la Conférence du mois d'octobre, où Genève eut l'honneur de voir arriver dans ses murs des notabilités médicales et militaires de presque tous les pays de l'Europe, délégués officiellement par leurs gouvernements, le Comité genevois, par les soins de M. Gustave Moynier, président de la *Société d'utilité publique*, qui avait présidé le Congrès avec autant de talent que de cœur, rédigea un compte rendu des délibérations : il fut accueilli avec le plus vif intérêt ; puis, une circulaire officielle fut envoyée aux divers Etats européens ; elle contenait les demandes suivantes :

« 1° Le gouvernement est-il disposé à accor-
« der sa haute protection au Comité de secours
« pour les blessés, qui se forme parmi ses res-
« sortissants, ensuite des résolutions de la Con-
« férence de Genève et à lui faciliter, autant que
« possible, l'accomplissement de son mandat ?
« 2° Le gouvernement adhérerait-il à une *con-
« vention internationale* ayant pour objet :
« A. La *neutralisation* en temps de guerre :
« des ambulances et des hôpitaux militaires, du
« personnel du service sanitaire officiel, des in-
« firmiers volontaires recrutés par le Comité de

« secours, des habitants du pays qui iront secou-
« rir les blessés, et des militaires blessés ?
« B. L'adoption d'un uniforme ou d'un signe
« distinctif identique pour les personnes atta-
« chées au service de santé et d'un drapeau iden-
« tique pour les ambulances et les hôpitaux ?
« Si cette dernière proposition était agréée, y
« aurait-il quelque objection à ce que le *bras-
« sard* et le *drapeau blancs avec une croix rouge*
« fussent généralement admis ? »

Plusieurs gouvernements ont déjà répondu officiellement. — Grâces à l'empressement du médecin en chef de l'armée fédérale, l'honorable docteur Lehmann, le Conseil fédéral autorisa le département militaire fédéral à adhérer aux vœux formulés ci-dessus, sous la condition que les Etats voisins de la Suisse adhéreraient également à la convention internationale. Vinrent ensuite l'acceptation du Wurtemberg, de la Prusse, de la France, du Danemark, du Portugal, du Hanovre.

A Stuttgart, sous la présidence du docteur Hahn, un comité important s'est formé avec une branche auxiliaire de dames appartenant à la haute noblesse wurtembergeoise ; des publications et des appels ont été publiés et répandus dans tout le pays.

En Prusse (où M. Henry Dunant avait popularisé ses vues lors du Congrès de statistique de Berlin, au mois de septembre dernier, et où il avait proposé au roi et au ministre de la guerre la neutralisation des ambulances, des hôpitaux, du personnel médical militaire, y compris les secoureurs volontaires reconnus), un grand comité central s'est formé par les soins du prince Henri XIII de Reuss et de M. le conseiller intime Housselle, tous deux délégués de la Prusse au

Congrès de Genève. Dans ce Comité, nous voyons figurer à côté du prince Radzivill, du comte d'Arnim, du comte Stolberg-Vernigerode, chancelier de l'ordre de Saint-Jean de Jérusalem, le libraire Wagner, le banquier israélite Mendelssohn, les chapelains protestants et catholiques, etc.

Le roi Guillaume de Prusse a exprimé, à plusieurs reprises, sa très-vive sympathie pour l'œuvre, et lui a accordé sa haute protection ; il partage les vœux émis par la conférence de Genève, et ne doute pas qu'on arrive à les accomplir.

En France, l'armée est très-sympathique; le *Spectateur militaire* commence l'un de ses articles par ces mots :

« Gloire à Genève ! c'est à elle qu'appartient
« l'idée de donner aux soldats blessés des diffé-
« rents pays d'autres soins que ceux ordonnés
« par les règlements. »

Ce journal loue hautement l'heureuse improvisation de M. le docteur Maunoir, qui, dit-il, « a répondu à l'un des délégués français, M. le docteur Boudier, émettant des doutes sur la réussite de l'œuvre) avec une verve, une finesse, pour ne pas dire une causticité et un esprit tout gaulois. »

L'empereur Napoléon a fait écrire à M. Dunant pour l'assurer de son désir de concourir à l'œuvre dont il est le promoteur en favorisant la formation du Comité français. Il déclare approuver hautement l'objet de la Conférence et les vœux émis pour l'accomplir ; il lui permet, en outre, de faire connaître toute la sympathie qu'il éprouve à cet égard, et charge le ministre de la guerre d'autoriser quelques officiers généraux à faire partie du Comité organisé à Paris par les soins de M. Dunant.

Par sa dépêche, en date de Copenhague, le 20 janvier 1864, le ministre de la guerre de Danemark a informé le Comité genevois de l'adhésion officielle de ce pays aux désirs de la Conférence.

Des Comités se sont formés soit en Danemark, soit en Suède et en Norwége ; les dames, réunies en association, ont d'abord confectionné et envoyé aux soldats danois des bas de laine et autres vêtements chauds ; puis elles ont fabriqué de la charpie, des bandes, des compresses, et réuni toute sorte de médicaments et de rafraîchissements pour l'armée.

Il en a été de même à Dresde, où la cour et la population ont pris fort à cœur l'œuvre sortie de Genève et le sort de l'armée allemande par cet hiver si rigoureux. A Kiel, dans le Holstein, et ailleurs, les sociétés de dames qui s'étaient formées à la suite de l'impulsion donnée par le *Souvenir de Solferino* (ce livre ayant déjà eu trois éditions en allemand, à Bâle, Leipzig et Stuttgart), ont envoyé des volontaires dans les hôpitaux pour soigner les blessés, et, malgré les neiges et un temps affreux, un très-grand nombre d'étudiants et d'autres personnes se sont dévouées dans les ambulances d'Eckernfœrde et de Kosel. A l'affaire de Missunde, les héroïques écoliers du gymnase de Kiel ont été, jusque sous les balles ennemies, ramasser les blessés allemands et danois, et pendant que les alliés poursuivaient les Danois, ces jeunes gens se sont transportés dans les lignes même de combat, munis de tout ce qui était nécessaire pour secourir les blessés. — A Altona, un vaste hôpital a été établi, desservi spécialement par les chevaliers de Saint-Jean. Les volontaires danois s'étaient installés, avec leurs malades, dans le grand château d'Augustenbourg, converti en hôpital militaire.

Il est réjouissant de voir ainsi réaliser la charité internationale, et la généreuse initiative de M. Henry Dunant est vraisemblablement appelée à obtenir aussi un succès plus grand encore, en établissant, entre toutes les nations, un lien de solidarité qui doit les amener à s'estimer mutuellement et à éloigner de plus en plus les causes de conflit dont il cherche, avec tant de persévérance, à atténuer les funestes conséquences.

Nous avons déjà parlé des progrès de l'institution des hospitaliers militaires aux Etats-Unis d'Amérique, où 356 agents, pasteurs, marchands, avocats, journalistes, sont à l'œuvre dans les camps, sur les champs de bataille et dans les ambulances, donnant libéralement, sans recevoir la moindre compensation matérielle, leur argent, leur force et leur temps. Nous avons aussi mentionné le dévouement en Pologne des Sœurs de la Croix, appartenant à l'église gréco-russe, envoyées par Madame la grande-duchesse Hélène-Paulowna. Nous pouvons également ajouter que, grâce à M. le docteur Landa, délégué espagnol à la conférence, qui a rendu populaires en Espagne les idées du Congrès, il existe maintenant à la Havane et à Porto-Rico des comités qui portent à l'armée espagnole des dons considérables en cigares, charpie et rafraîchissements de tous genres.

A Madrid, l'infant don Sébastien de Bourbon et Bragance, grand prieur de l'ordre de Saint-Jean de Jérusalem, pour la langue de Castille, a demandé à la reine l'autorisation de faire pour l'Espagne (*et par déférence envers les résolutions de la Conférence de Genève*), ce que le prince Charles de Prusse a déjà fait à Berlin pour le bailliage protestant de Brandebourg, en faveur d'une œuvre à laquelle il s'intéresse vivement comme militaire, comme grand prieur et comme chrétien. Les maréchaux et les généraux espagnols, ainsi que le corps sanitaire de l'armée ont applaudi à cette pensée, dont ils se sont enthousiasmés.

En Italie, un appel patriotique en faveur des Sociétés internationales a été répandu à profusion par les soins de M. Guido Corsini, le secrétaire du comité du Dante; un comité s'est constitué à Florence, et le fils aîné du roi, le prince Humbert, a déclaré prendre le patronage de toutes les sociétés qui se formeraient dans la Péninsule pour cette œuvre excellente.

A Londres, un Comité a été formé; les lords Clanricarde, Shaftesbury, Cecil, etc. en font partie.

En Portugal, le ministre de la guerre informe officiellement le Comité de Genève de la pleine adhésion du gouvernement portugais aux vœux du Congrès et de sa grande sympathie pour une prompte réussite.

On a pu peut-être présumer que la *neutralisation* des blessés et des ambulances était une chose inadmissible; mais la meilleure réponse à faire, afin de prouver la possibilité d'une application pratique, c'est de citer l'histoire; ainsi, nous voyons qu'en 1743, dans la guerre de la succession d'Autriche, le maréchal de Noailles, commandant en chef de l'armée française, étant entré en pourparlers sur ce sujet près d'Aschaffenbourg, avec le comte de Stair, commandant en chef de l'armée anglaise, ces généraux s'engagèrent à regarder, des deux côtés, les hôpitaux comme des sanctuaires, et à les protéger mutuellement, ce qui fut strictement observé pendant la guerre. — Le 6 février 1759, à l'Écluse, en Flandre, entre le marquis Du Barrail, pour le roi de France, et sir Henry Seymour Conway, major général pour le roi de la Grande-Bretagne, il fut conclu un traité contenant des dispositions analogues; et la convention du 7 septembre 1759, entre Frédéric le Grand, roi de Prusse, et la France (qui fut ponctuellement exécutée de part et d'autre), porte qu'on prendra le plus grand soin des malades et des blessés, que ceux-ci ne seront pas faits prisonniers, non plus que les aumôniers, médecins, chirurgiens, apothicaires, garçons infirmiers, servants ou autres individus affectés au service des malades.

Ces bons exemples semblaient oubliés, lorsque le général Moreau, commandant en chef de l'armée française en 1800, rédigea un projet de traité analogue, et l'envoya au général Kray, commandant de l'armée autrichienne, qui ne consentit malheureusement pas à le ratifier.

Serions-nous donc plus arriérés maintenant, en fait d'humanité, qu'il y a un siècle?

Rappelons pourtant que beaucoup d'officiers généraux fort distingués ont déclaré praticables toutes les idées du *Souvenir de Solferino*, et ont ainsi suivi l'exemple qu'avait donné le tout premier M. le général Dufour.

Dieu veuille nous préserver du fléau de la guerre, mais, malheureusement, tant de causes de discordes et de luttes agitent actuellement l'Europe, qu'il semble nécessaire de se préoccuper sérieusement d'une question si importante au point de vue de l'humanité, et qui doit intéresser tout le monde.

Rappelons aussi qu'à Flensbourg, il y a peu de jours, faute d'une organisation créée d'avance et de comités bien constitués, les malheureux blessés n'ont pas été relevés, et que, gisant ensanglantés dans les rues de cette ville, les roues des chariots de l'artillerie leur ont passé sur le corps. Souvenons-nous également que, faute de charpie, on a dû panser les nombreuses victimes de la guerre dans le Schleswig (comme cela était déjà arrivé en Italie en 1859) avec de la terre, avec du foin et de la paille, dont les piquants pénétraient dans leurs chairs palpitantes, et que, faute de bras pour les recueillir, beaucoup de soldats abandonnés sont morts le blasphème à la bouche, ou gelés sur la glace rougie de leur sang.

EXTRAIT DU CORRESPONDANT DE HAMBOURG

Hambourg, le 9 Mars 1864

Cet article montre à quel point les idées du Congrès de Genève ont déjà pénétré dans les populations du nord de l'Allemagne, et prouve que la réalisation de ces idées n'était point aussi difficile que quelques personnes l'ont peut-être présumé.

TRADUIT DE L'ALLEMAND

Hier au soir, 8 mars, M. le Dr Wichern, a donné devant une foule nombreuse qui formait un auditoire d'élite, une séance qui a duré près de trois heures, dans la grande salle du Johanneum. Cette séance était consacrée aux événements militaires du Schleswig, considérés au point de vue spécial de l'organisation des ambulances et des soins donnés aux soldats blessés.

Avant tout, il faut reconnaître, a dit l'honorable orateur, que dans la guerre actuelle, les soldats blessés et malades ont été l'objet des plus louables attentions. Dans la seule ville de Flensburg, huit vastes hôpitaux ont été convenablement préparés, et c'est dans une proportion égale que, dans chaque localité du Schleswig-Holstein, pour ainsi dire, ont été prises les mesures les plus prévoyantes. Bien plus, de Flensburg comme point de départ, se développe toute une chaîne d'ambulances qui s'étend au sud par Hambourg, Berlin, Francfort-sur-l'Oder, à travers la Silésie, jusqu'à l'extrémité méridionale de l'empire d'Autriche, de telle sorte, que l'on peut dire avec une rigoureuse exactitude, que depuis la mer du Nord jusqu'à la Méditerranée, les héros blessés de l'armée austro-prussienne sont assurés de recevoir les soins les plus dévoués. L'orateur a visité lui-même les ambulances dans le Schleswig, et il peut dire que les soldats alle-

mands se comportent de la manière la plus cordiale avec les blessés et les malades danois abandonnés aux soins du vainqueur par l'évacuation du Danewirke; témoignage éloquent de l'esprit de véritable charité chrétienne qui anime les populations de la Prusse, de l'Autriche et du Danemark. Ces hommes forts et robustes, jetés subitement sur un lit de douleur, supportent les souffrances les plus aiguës avec une patience et une résignation exempte de tout murmure. De tous ceux qu'il a vus, le Dr Wichern n'en a entendu se lamenter qu'un seul : c'était un beau jeune homme prussien, qui avait été atteint d'une manière si malheureuse, que son visage et son corps devaient rester complétement défigurés et mutilés ; il mourut des suites de blessures si douloureuses, pleuré au loin par des parents et une fiancée dont la guerre l'avait séparé; cependant c'est dans un cercueil orné de couronnes de fleurs qu'il a été enseveli, car il avait trouvé à son lit de mort une seconde mère dans une charitable dame, venue comme infirmière volontaire, à ses propres frais, de Charlottenbourg à Flensbourg, et qui déployait une infatigable activité dans la noble mission qu'elle s'était donnée.

L'orateur a pu se convaincre de l'influence bienfaisante qu'exercent dans les hôpitaux du Schleswig les diaconesses prussiennes, les Sœurs de charité, et les Frères de charité du *Rauhe-Haus*. (Le Rauhe-Haus, de Hambourg, est une grande institution de Frères de charité protestants, destinés surtout à soigner les malades.) Les témoignages de vraie bonté et de sympathie chrétienne, ainsi que les soins intelligents donnés par ces personnes dévouées, toutes animées d'une même pensée, celle de consoler et de secourir, font un bien immense, moralement et physiquement, aux pauvres soldats victimes de la guerre.

Quatre Frères du Rauhe-Haus, qui s'étaient préparés d'avance à la vocation d'infirmiers volontaires, sont occupés à Flensbourg, dans le bâtiment du Gymnase converti en hospice, à soigner les militaires dont les blessures sont les plus graves. Douze autres Frères ont la même occupation à Appenrade, et douze autres se sont rendus à Hadersleben dans le même but. Bon nombre d'entre eux ayant été eux-mêmes militaires, il serait difficile de trouver des gens mieux qualifiés que les Frères du Rauhe-Haus, qui ont adopté cette vocation de charité par dévouement chrétien. Quelques détails feront mieux comprendre la bonté ingénieuse de ces hommes aussi humbles que dévoués. Ils s'occupent également des soldats en bonne santé pour leur faire parvenir quelque nourriture intellectuelle et pour leur faire goûter, au milieu même des plus rudes obligations du service militaire, quelques petites jouissances que le contraste des circonstances rend d'autant plus agréables. Ce ne sont pas, du reste, des bibles, des testaments, des psaumes que distribuent les Frères du Rauhe-Haus; la célèbre Société biblique britannique s'est réservée cette noble mission, et entretient dans le Schleswig des agents nombreux pour la remplir; ce ne sont pas de petits traités non plus, cette tâche honorable est également entre d'autres mains dignes de toute confiance. Les Frères hospitaliers s'occupent essentiellement de procurer aux soldats la lecture d'écrits scientifiques ou populaires, suivant les goûts et le degré de culture de chacun, car les positions et les connaissances individuelles varient dans l'armée prussienne. M. Wichern, reconnaissant l'insuffisance des approvisionnements de l'agence du Rauhe-Haus, et pour tenir compte, dans ce sens, d'une manière assez complète de tous les besoins et de tous les

désirs, depuis l'officier le plus instruit jusqu'au plus simple soldat, s'est adressé, il y a huit jours, à divers libraires allemands au moyen d'une circulaire, pour leur demander l'envoi d'ouvrages de diverses natures, et aujourd'hui, plus de 4400 volumes sont déjà arrivés, dont 880 envoyés par la seule librairie de Decker, à Berlin. L'orateur a déclaré qu'il regrettait vivement de n'avoir pas eu les moyens de procurer les bienfaits d'une lecture analogue aux soldats des diverses nationalités non allemandes de l'armée autrichienne; il manque en effet de livres en langues magyare, bohême, italienne et polonaise.

En outre, les Frères du Rauhe-Haus s'occupent avec sollicitude d'entretenir et de renforcer les liens qui unissent le soldat avec sa famille. Lorsque, sur la surface étroite de quelques districts d'un petit pays comme le Schleswig, est répartie une armée de plus de 100,000 hommes, les choses les plus nécessaires, quoique d'habitude les moins rares, viennent à manquer bien facilement, et au bout de quelque temps on ne peut plus les obtenir, même à très-haut prix. Cela est vrai maintenant, surtout pour les troupes prussiennes stationnées dans la presqu'île de Sundewitt; ainsi, par exemple, il y a eu là une disette à peu près absolue des objets d'écriture, qui empêchait chaque soldat d'envoyer de ses nouvelles à sa famille, ce que le militaire allemand aime par-dessus tout. M. Wichern a eu l'idée d'acheter une quantité d'enveloppes à lettres, dans lesquelles il a renfermé une feuille de papier et un bout de crayon; il les a fait distribuer à la troupe, avec un certain nombre de petites lithographies d'après des artistes de talent. Cette distribution a été l'occasion d'une si grande joie pour les soldats, qu'ils ont accueilli par des acclamations enthousiastes les Frères du Rauhe-Haus, très-reconnaissables à leurs *brassards blancs avec la croix rouge*, signe distinctif adopté officiellement pour les hospitaliers volontaires par la *Conférence européenne* tenue à Genève, au mois d'octobre dernier; brassards qui avaient été confectionnés et donnés par les dames de Hambourg.

D'un autre côté, les Frères vouent une attention particulière aux individus qui sont assez malheureux pour ne pas savoir écrire; ils se chargent de la rédaction de leurs lettres, et, dans ce but, ils ont organisé à Flensbourg et ailleurs des bureaux complets de correspondance.

Ces bons résultats et beaucoup d'autres encore ont été obtenus, parce que depuis la Conférence internationale ces sujets ont vivement préoccupé l'attention publique en Prusse, et parce qu'on avait cherché à se préparer d'avance à toute éventualité.

Après avoir donné à l'assemblée des détails sur les ouvrages de Düppel et sur le genre de vie qui est imposé aux soldats de l'armée austro-prussienne devant ces ouvrages, dans la presqu'île de Sundewitt, M. Wichern a raconté à ses auditeurs une excursion faite par lui jusqu'à Ulderup, et leur a décrit les fatigues des bataillons d'infanterie qui se relèvent seulement toutes les vingt-quatre heures aux avant-postes, dans cette saison si froide, ainsi que celles du cavalier, qui reste quelquefois tout ce temps sans quitter ses étriers. M. Wichern a ajouté qu'il n'oublierait jamais l'impression profonde qu'il avait ressentie en pouvant, au milieu d'une nuit glacée d'hiver, rendue plus rude encore par un vent violent, distribuer aux soldats des avant-postes des rafraîchissements consistant en un peu de café, de pain, de saucisson, de tabac et de cigares, non plus que la reconnaissance de ces braves fils de la terre allemande pour ces minces cadeaux, témoignée par les plus cordiales poignées de main.

C'est l'une des parties de la tâche multiple des Frères du Rauhe-Haus d'effectuer ces distributions aux avant-postes, et d'enlever ainsi, par des secours opportuns, maintes victimes aux diverses maladies qui sont la conséquence d'une pareille vie dans de telles circonstances atmosphériques. Des chars d'une forme particulière ont été construits pour ces approvisionnements, et jusqu'à présent, grâce à l'esprit de bienfaisance qui anime l'Allemagne, les hospitaliers volontaires du Rauhe-Haus ont toujours été pourvus du nécessaire. Cependant il est une chose sur laquelle l'attention doit être attirée : c'est sur le

manque de caleçons chauds parmi les soldats. (M. Wichern raconte avoir donné lui-même les deux qu'il possédait à deux soldats des avant-postes.) Il manque aussi de la laine pour réparer les trous des bas percés à jour et tombant en loques ; il y a également une grande disette de tabac, qui est cependant un grand bienfait pour le soldat.

Enfin M. Wichern a communiqué à ses auditeurs l'arrangement qu'il a pris avec le président de la Chambre prussienne des seigneurs, le comte de Stolberg-Vernigerode, qui remplit dans le Schleswig-Holstein les fonctions de chef des institutions de secours de l'Ordre protestant de Saint-Jean de Jérusalem, pour le transport des blessés sur les champs de bataille mêmes. Quatre voitures, construites spécialement en vue de cette destination, seront tenues prêtes pour être employées en cas de besoin ; chacune d'elles sera accompagnée par quatre Frères du Rauhe-Haus, et elles seront escortées par des chevaliers de l'Ordre, à cheval. Le commandant général de l'armée a donné des ordres pour que désormais ces voitures puissent *arriver directement jusque sur les champs de bataille mêmes.*

M. Wichern a terminé en insistant sur le bel exemple de charité chrétienne, pour les malades et pour les blessés, que présentent les infatigables efforts faits à Flensbourg par la comtesse Stolberg-Vernigerode, née princesse de Reuss, (directrice de l'immense établissement des diaconesses, nommé *le Béthanien*, à Berlin). Il a mentionné aussi le dévouement des chevaliers de Saint-Jean, et celui de ces soixante-huit jeunes médecins civils de Berlin, qui se sont fait volontairement hospitaliers militaires dans le Schleswig, ainsi que le développement considérable donné à cette œuvre dans tout le nord de l'Allemagne. « Ce n'est pas en paroles, c'est en faits « et en actions que nous devons nous aimer, » a dit le Dr Wichern, en terminant son discours.

RÉSUMÉ DE LA SITUATION ACTUELLE

Peu à peu les gouvernements de l'Europe adhèrent successivement aux résolutions et aux vœux émis par la Conférence internationale de Genève.

Plusieurs États, qui n'ont pas encore adhéré, ont annoncé leur prochaine adhésion officielle.

Il est de la plus haute importance que tous les gouvernements, sans exception, daignent accorder cette adhésion.

Des comités sont déjà formés ou se forment actuellement presque dans tous les pays de l'Europe, en adoptant, dans leurs règlements, les bases posées par le Congrès de Genève.

Une section genevoise a été créée récemment par le comité international.

Les sociétés qui se formeront à l'avenir, en divers pays, sont instamment priées de se mettre le plus tôt possible en rapport direct avec Genève.

Adresse :

M. Gustave **MOYNIER**, Président du comité international
de secours aux militaires blessés,
rue Neuve du Manége, à Genève (Suisse),

ou M. **J. Henry DUNANT**, Secrétaire du comité international,
rue St-Pierre, à Genève.

Le comité de Genève, qui désire toujours garder son caractère d'internationalité et d'impartialité, vient d'envoyer deux délégués sur le théâtre de la guerre, l'un en Danemark et l'autre en Allemagne (M. le capitaine Van de Velde à Copenhague et M. le Dr Appia dans le Schleswig-Holstein), afin d'étudier, sur le théâtre de la guerre actuelle, la question des ambulances volontaires qui ont été créées, soit par les sociétés danoises, soit par les sociétés prussienne et autrichienne.

J. H. D.

Mars, 1864.

AMBULANCE N°1

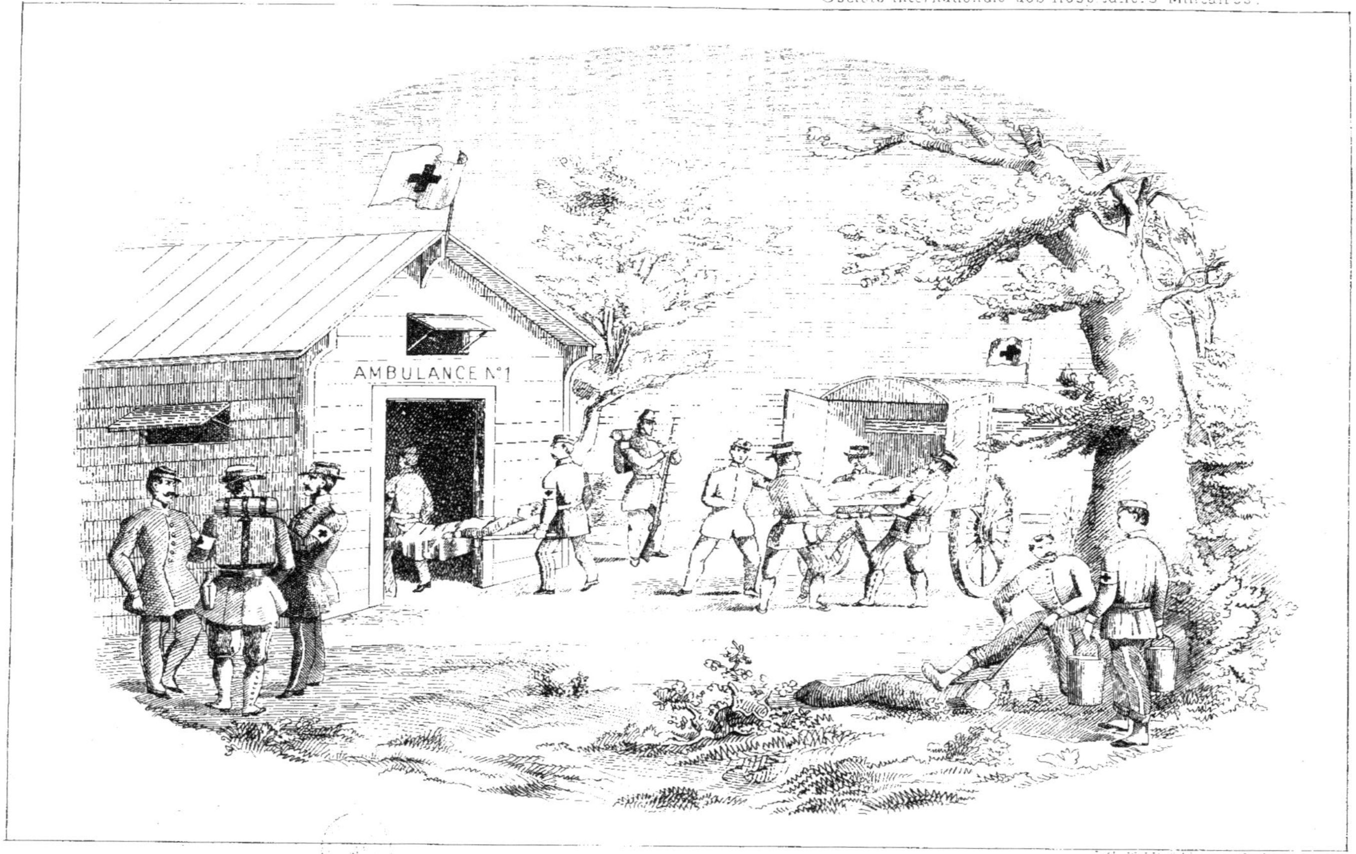

La Charité sur les champs de bataille.